BEI GRIN MACHT SICH IHR WISSEN BEZAHLT

- Wir veröffentlichen Ihre Hausarbeit, Bachelor- und Masterarbeit

- Ihr eigenes eBook und Buch - weltweit in allen wichtigen Shops

- Verdienen Sie an jedem Verkauf

Jetzt bei www.GRIN.com hochladen und kostenlos publizieren

Bibliografische Information der Deutschen Nationalbibliothek:

Die Deutsche Bibliothek verzeichnet diese Publikation in der Deutschen Nationalbibliografie; detaillierte bibliografische Daten sind im Internet über http://dnb.d-nb.de/ abrufbar.

Dieses Werk sowie alle darin enthaltenen einzelnen Beiträge und Abbildungen sind urheberrechtlich geschützt. Jede Verwertung, die nicht ausdrücklich vom Urheberrechtsschutz zugelassen ist, bedarf der vorherigen Zustimmung des Verlages. Das gilt insbesondere für Vervielfältigungen, Bearbeitungen, Übersetzungen, Mikroverfilmungen, Auswertungen durch Datenbanken und für die Einspeicherung und Verarbeitung in elektronische Systeme. Alle Rechte, auch die des auszugsweisen Nachdrucks, der fotomechanischen Wiedergabe (einschließlich Mikrokopie) sowie der Auswertung durch Datenbanken oder ähnliche Einrichtungen, vorbehalten.

Impressum:

Copyright © 2014 GRIN Verlag
Druck und Bindung: Books on Demand GmbH, Norderstedt Germany
ISBN: 9783668675629

Dieses Buch bei GRIN:

https://www.grin.com/document/418484

Anonym

Widerstände und Konflikte in Projekten

GRIN Verlag

GRIN - Your knowledge has value

Der GRIN Verlag publiziert seit 1998 wissenschaftliche Arbeiten von Studenten, Hochschullehrern und anderen Akademikern als eBook und gedrucktes Buch. Die Verlagswebsite www.grin.com ist die ideale Plattform zur Veröffentlichung von Hausarbeiten, Abschlussarbeiten, wissenschaftlichen Aufsätzen, Dissertationen und Fachbüchern.

Besuchen Sie uns im Internet:

http://www.grin.com/

http://www.facebook.com/grincom

http://www.twitter.com/grin_com

Inhaltsverzeichnis

Abkürzungsverzeichnis 1

1. Einleitung 2

    1.1 Problemstellung 2

    1.2 Zielsetzung der Arbeit 2

    1.3 Aufbau und Vorgehensweise 3

2. Theoretische Grundlagen 3

    2.1 Definition der Begriffe: Projekt/Projektmanagement 3

    2.2 Definition des Begriffs: Konflikte 3

    2.3 Definition des Begriffs: Widerstände 4

3. Konflikte 5

    3.1 Entstehen und Erkennen von Konflikten 5

    3.2 Vermeiden von Konflikten 5

4. Widerstände 6

    4.1 Entstehen und Erkennen von Widerständen 6

    4.2 Vermeidung von Widerständen 6

5. Handlungsempfehlung 7

6. Zusammenfassung 8

Literaturverzeichnis 9

Abkürzungsverzeichnis

DIN	Deutsche Industrienorm
GPM	Gesellschaft für Projektmanagement
z.B.	zum Beispiel
etc.	etcetera
o.g.	oben genannt
bzw.	beziehungsweise
Vgl.	Vergleich

Wenn zwei Menschen immer wieder die gleichen Ansichten haben, ist einer von ihnen überflüssig!
(WINSTON Churchill)

1. Einleitung

1.1 Problemstellung

Um auf zunehmend dynamische Veränderungen der Unternehmensumwelt reagieren zu können, werden vermehrt Projekte ins Leben gerufen, um diesem Veränderungsdruck zu begegnen. Projekte bieten die Möglichkeit außerhalb normaler Abläufe in einem Unternehmen neue Herausforderungen abzuwickeln und größere Veränderungen einzuführen. Durch derartig, oftmals einschneidende, Veränderungen in einem Unternehmen entstehen Konflikte und Widerstände, weil sie eine Abweichung vom Alltäglichen bedeuten. Durch Zeit- und Budgetdruck sowie die abteilungsübergreifendende Notwendigkeit der Koordination ist die Zusammenarbeit innerhalb eines Projektteams oftmals geprägt von zwischenmenschlichen Spannungen. Dies kann Anlass für Verzögerungen oder sogar das Scheitern von Projekten geben. Widerstände und Konflikte können nicht nur innerhalb eines Projektteams auftreten, sondern auch von außen, zum Beispiel anderen Abteilungen, und die Arbeit eines Projektteams behindern. Ein Nährboden für Probleme.

1.2 Zielsetzung der Arbeit

Die vorliegende Arbeit beschäftigt sich mit Widerständen und Konflikten, die im Rahmen von Projekten entstehen können. Die Arbeit betrachtet dabei die Probleme, die im zwischenmenschlichen Bereich auftreten können und nicht eventuelle Konflikte die von anderer Natur (Strukturbedingte bzw. Konflikte mit der Unternehmensumwelt z.B. rechtlicher Natur etc.) geprägt sind. Die Herausforderung dabei ist nicht nur die Betrachtung bereits bestehender Konflikte, sondern auch die Entstehung und Vermeidung derartiger Fälle. Die Ansätze aus dem 3-Phasen-Model von Lewin haben sich dabei in der Praxis bewährt. Mit Hilfe weiterer Methoden aus dem Changemanagement können Widerstände identifiziert und eingeordnet werden.

Voraussetzung für jedes Projekt, unerheblich in welchem Umfang es geplant wird, ist der eigentliche Projektauftrag, die Formulierung von eindeutigen Zielen sowie die Definition der Projektorganisation im Sinne der Aufbauorganisation. Der Vollständigkeit halber werden noch die Schritte Anforderungsdefinition, Machbarkeitsprüfung sowie Termin- und Kostenplan erwähnt. Selbstverständlich sind noch einige detailliertere Schritte vonnöten, um den Erfolg eines Projektes zu gewährleisten. Diese Arbeit beschäftigt sich allerdings in erster Linie mit den auftretenden Schwierigkeiten während des Projekts und setzt die erforderlichen Maßnahmen der Planung und Durchführung voraus.

1.3 Aufbau und Vorgehensweise

Die vorliegende Arbeit beschäftigt sich mit Konflikten und Widerständen die während eines Projekts auftreten können. Die Gliederung verläuft in sechs Kapiteln. Zunächst wird die Einleitung und Zielsetzung in Kapitel eins dargestellt. Die terminologischen Grundlagen für die Begriffe Projekt/Projektmanagement, Konflikte und Widerstände werden in Kapitel 2 erörtert. Anschließend werden die Gründe für die Entstehung sowie das Erkennen von Konflikten und Widerständen sowie deren Vermeidung in den Kapiteln drei und vier behandelt. Ein Einblick in das 3-Phasen Model nach Lewin können in Kapitel fünf als Handlungsempfehlung nachgelesen werden. Die abschließende Zusammenfassung der Ergebnisse erfolgt in Kapitel sechs.

2. Theoretische Grundlagen

2.1 Definition der Begriffe: Projekt/Projektmanagement

Für die Definition wird die Gesellschaft für Projektmanagement herangezogen und deren Nutzung der Deutsche Industrienorm (DIN 69901).

Projekt: "Vorhaben, das im Wesentlichen durch Einmaligkeit der Bedingungen charakterisiert ist, wie z.B. durch eine klare Zielvorgabe mit zeitlicher, finanzieller und personeller Begrenzung oder sonstigen Restriktionen; mit einer eigenen projektspezifischen Organisation und die dadurch klare Abgrenzung gegenüber anderen Vorhaben."[1]

Projektmanagement: Nach der DIN Norm 69901 ist Projektmanagement die Gesamtheit von Führungsaufgaben, - organisationen, -techniken und -mitteln für die Abwicklung von Projekten. Bezogen auf die Sachebene bedeutet dies das Managen von Zielen und Inhalten, auf der Methodenebene, das Regeln des Vorgehens und auf der Personenebene das Gestalten von Interaktionen und sozialen Beziehungen.[2]

Ein professionelles Projektmanagement verfügt jedoch nicht nur über Methodenwissen und Administration, sondern auch über soziale Kompetenzen. Das bedeutet mich Macht und Hierarchie, mit Konflikten und Widerständen und den vielfältigen Gruppenprozessen richtig und der jeweiligen Situation angemessen umzugehen. In diesem Zusammenhang wird auch vom ganzheitlichen Projektmanagement gesprochen.[3]

2.2 Definition des Begriffs: Konflikte

Laut Gabler Wirtschaftslexikon wird ein Konflikt folgendermaßen definiert: „Prozess der Auseinandersetzung, der auf unterschiedlichen Interessen von Individuen und sozialen

---

[1] Vgl:. Zielasek, G., Projektmanagement als Führungskonzept, Berlin 1999, S.6
[2] Vgl.: Kessler, H., Winkelhofer, G., Projektmanagement. Leitfaden zur Steuerung und Führung von Projekten, Berlin 2004. S.10
[3] Vgl.: Litke, H., Projektmanagement. Methoden, Techniken, Verhaltensweisen, München 2007, S. 167

Gruppierungen beruht und in unterschiedlicher Weise institutionalisiert ist und ausgetragen wird."[4]

Glasl schreibt dazu im Fachbuch Konfliktmanagement- Ein Handbuch für Führungskräfte, Beraterinnen und Berater, wie folgt: „Ein sozialer Konflikt ist eine Interaktion zwischen Aktoren (Individuen, Gruppen, Organisation usw.), wobei mindestens ein Aktor Unvereinbarkeiten im Wahrnehmen, Denken, Vorstellen und/oder Fühlen und/oder Wollen mit einem anderen Aktor in der Art erlebt, dass im Realisieren seiner Ziele eine Beeinträchtigung durch den anderen Aktor (Aktoren) erfolgt.[5]

2.3 Definition des Begriffs: Widerstände

Um den Begriff Widerstand einzugrenzen auf die Projektumgebung, muss etwas weiter ausgeholt werden. Das Projektmanagementhandbuch bietet hierzu folgende Erklärung an: Um sich dem Begriff des „Widerstandes" anzunähern werden zunächst verschiedene systemtheoretische Ansätze herangezogen:

Die Gestaltpsychologie definiert Widerstand als eine Reaktion auf externe Stimulation um Selbstbestimmung des Systems aufrecht zu erhalten.

Die Reaktanz Theorie beschreibt Widerstand in diesem Zusammenhang als Reaktion auf wahrgenommene Freiheitseinengung mit dem Ziel die eigene Handlungsfreiheit wieder herzustellen. Die Intensität des Widerstandes hängt demzufolge von vier wesentlichen Determinanten ab:

die subjektive Wichtigkeit, die der Widerstand Leistende der Einengung zumisst

der Umfang der wahrgenommenen Einschränkung

der Überzeugung vor der wahrgenommenen Einschränkung ein höheres Maß an Freiheit gehabt zu haben

der persönlichen Bereitschaft Widerstand zu leisten[6]

---

[4] Vgl.: http://wirtschaftslexikon.gabler.de/Definition/konflikt.html#definition
[5] Vgl.: Glasl, F.; Konfliktmanagement. Ein Handbuch für Ein Handbuch für Führungskräfte, Beraterinnen und Berater, München 2013, S.15.
[6] Vgl.: http://www.projektmanagementhandbuch.de/soft-skills/umgang-mit-widerstand/

3. Konflikte

3.1 Entstehen und Erkennen von Konflikten

In einer Projektgruppe die meist aus einigen externen, freiberuflichen sowie internen Mitarbeitern besteht gehört es zum Alltag, dass man sich über Abläufe und Sachfragen uneinig ist. Externe Mitarbeiter werden hinzugezogen, um die zusätzlichen Aufgaben, die temporär anfallen, zu bewältigen. Durch die unterschiedlichen Auffassungen und Prioritäten ist es unwahrscheinlich, dass alle Beteiligten das gleiche Verständnis von Vorgehensweisen haben.

Als grundsätzliche Arten von Konflikten wären offene sowie verdeckte Konflikte zu nennen. Offene Konflikte können als zynische Bemerkungen, entwertende Verhaltensweisen oder sogar Gebrüll mit Abbruch jeder weiteren Diskussion auftreten. Dieses unangenehme Erscheinungsbild ist nach Auftreten nur mit viel Einfühlungsvermögen und Führungsstärke zu beseitigen. Demgegenüber steht der verdeckte Konflikt, der für Außenstehende als weniger unangenehm empfunden wird, dennoch schwerer zu erkennen ist. Kontrahenten gehen sich aus dem Weg oder leiten sich Informationen nicht mehr weiter. Wenn mit Dritten über die vermeintlichen Fehler eines Kollegen gesprochen wird, ist dies ein weiterer Hinweis für ein problematisches Verhältnis.

3.2 Vermeiden von Konflikten

Die einfachste Art im Umgang mit Konflikten ist sie gar nicht erst aufkommen zu lassen. Dies setzt aber voraus, dass der Projektmanager einige präventive Maßnahmen anstellt. Ein besprochenes Konflikt-Lösungsschema wäre als eine Maßnahme zu nennen. Ein gemeinsames Verständnis der Ziele und Vorgehensweisen, ein offenes und freundliches Klima, das zwar Widerspruch zulässt aber nicht auf emotionalen Auseinandersetzungen führt, könnten von vornherein helfen, Konflikte nicht aufkeimen zu lassen.

Die Anforderung liegt darin, Konfliktsignale aus dem betrieblichen Alltagsgeschäft richtig einzuordnen und Scheinkonflikte, von tatsächlichen zu unterscheiden. Eine frühe Wahrnehmung ist für weitere Maßnahmen sehr wichtig. Denn mit jeder weiteren Eskalationsstufe des Konflikts erhöhen sich Kosten und Zeitaufwand der Konflikthandhabung.[7] Werden Konflikte als solche vom Projektmanager wahrgenommen, entscheidet dieser inwiefern ein Eingreifen notwendig ist und in welche Bahnen ein Konflikt gelenkt werden kann. In der Fachliteratur herrscht Übereinstimmung, dass nicht das Vermeiden von Konflikten wesentlich ist, sondern wie Konflikte ausgetragen werden um Zeitverluste und das Absinken der Produktivität zu vermeiden. Konflikte, die mittels Macht und Anordnungen scheinbar gelöst werden, stören die Basis für eine weitere nachhaltige Zusammenarbeit. Die ungeklärte Situation führt früher oder später mit hoher Wahrscheinlichkeit zur Eskalation. Zielführend ist

---

[7] Vgl.: Vedder, G.; Behner, R., Konfliktmanagement als kritischer Erfolgsfaktor, in: Organisationsentwicklung, Heft 4/99, s.9.

vielmehr, wenn Konfliktsituationen zwischen zwei oder mehreren Beteiligten so aufgelöst werden, dass auch für die künftige Zusammenarbeit ein unbelastetes gemeinsames Wirken möglich ist.

4. Widerstände

4.1 Entstehen und Erkennen von Widerständen

Bevor auf das Thema der Entstehung und des Erkennens näher eingegangen wird, werden zunächst die unterschiedlichen Arten von Widerständen aufgeführt.

In der Fachliteratur werden Widerstände eingeteilt in

Widerstände emotionaler Natur

Widerstände politischer Natur

Widerstände rationaler Natur

Widerstände können in den unterschiedlichsten Formen auftreten und sind nicht immer offensichtlich. Da Widerstände oftmals nicht nur eine Ursache haben können die o.g. Arten auch gleichzeitig und auch bei einer Person simultan auftreten. Der aktiv, verbale Widerstand ist dabei noch relativ leicht zu erkennen. Erscheint dieser als rationaler Widerstand kann man mit sachlichen Argumenten ausdiskutieren um den Auslöser zu beseitigen. Bei politischen sowie emotionalen Widerständen ist nicht nur die Identifikation eine Herausforderung sondern auch der Umgang mit diesen. Zumal oft als non-verbale Reaktionsmuster dem verantwortlichen Projektleiter nicht bewusst ist, woher die Störung kommt.

Bei der Entstehung von Widerständen muss man sich vor Augen halten, dass bei einem Projekt Entscheidungen über verschiedene Fachabteilungen hinweg zu treffen sind. Theoretisch lässt sich daraus abteilten, dass es hierbei zu Widerständen aus den unterschiedlichsten Bereichen kommen kann, bzw. zu den unterschiedlichsten Zeitpunkten innerhalb des Projektablaufs.

Während der Strategiebildung bleiben viele Mitarbeiter völlig desinteressiert. Erst wenn Entscheidungen fallen, werden beabsichtigte Veränderungen zur Kenntnis genommen. So kommt es, dass sich Widerstände und Vermeidungstendenzen oft erst dann manifestieren, wenn es um die Umsetzung geht – als wäre alles wie ein Blitz aus heiterem Himmel gekommen.[8]

4.2 Vermeidung von Widerständen

Sind mehrere Menschen von einer organisatorischen Veränderung betroffen, sind Widerstände gegen diese Veränderung nicht ungewöhnlich. Je nach Art und Ausmaß dieser Widerstände können die mit der Veränderung verfolgten Ziele gefährdet sein. Dem Umgang

---

[8] Vgl.: Doppler, K; Lautenburg, C.; Change Management – Den Unternehmenswandel gestalten, Frankfurt/New York 202, S. 193

mit diesen Widerständen kommt daher eine entscheidende Bedeutung zu. Den betroffenen Mitarbeitern stellen sich bei geplanten Veränderungen folgende drei Grundfragen:
1. Welche Ziele werden mit dieser Veränderung verfolgt?
2. Werde ich die auf mich zukommenden Aufgaben erfüllen können?
Welche persönlichen Konsequenzen ergeben sich aus diesen Veränderungen für mich?[9]

Wenn sich Widerstände bei genauerer Analyse als echte Konflikte erweisen, müssen diese nach dem Prinzip der themenzentrierten Interaktion "Störungen haben Vorrang" ohne Zeitverzug angegangen werden, da sie sonst den Projektfortschritt ernsthaft gefährden. Projekte sind auf die aktive Unterstützung aller Projektbeteiligten angewiesen, eine einzige Person oder Organisationseinheit kann bereits eine vollständige Projektblockade verursachen.[10]

Zur Verhinderung und Überwindung von Widerständen dienen aus Sicht des Projektmanagements:
Eindeutige Definition des Projektziels und seine vertragliche Vereinbarung im Lastenhaft
Gewährleistung der Unterstützung durch das Top-Management (Management Attention)
Durchführung eines Kick-Off-Meetings oder eines Startworkshops
aktives Projektmarketing
Durchführung einer Projekt Umfeldanalyse und einer Stakeholder Analyse
Installation eines Projektinformationssystems, ggf. mit EDV-Unterstützung
Aktives Konfliktmanagement

5. Handlungsempfehlung

Eines der zentralen Aufgabenfelder eines Projektmanagers ist es, zu führen sowie die Rollen, Werte und Regeln festzulegen und nachzuhalten. Ein erfahrener Projektmanager sollte kompetent sein ein Projektteam so zu führen, dass es in der Lage ist die unterschiedlichen Erfahrungen und Auffassungen in Konsens zu bringen. Im Change-Management wird häufig auf das 3-Phasen Model nach Lewin zurückgegriffen. Die Phasen Auftauen – Verändern – Stabilisieren helfen, die Mitarbeiter abzuholen um sie über die bevorstehenden Aufgaben zu informieren und die Bereitschaft für Veränderungen zu erzeugen. In der zweiten Phase, dem Verändern, werden die Beteiligten am Veränderungsprozess eingebunden. In der dritten Phase wird der neue Zustand stabilisiert und soll nach der Einführung verhindern, dass man wieder in alte Verhaltensmuster und Abläufe zurückfällt. Das Aufteilen in diese Phasen soll helfen, die richtigen Methoden zum jeweiligen Zeitpunkt anzuwenden.

Ein generelles Verhindern von Konflikten und Widerständen würde einer Verschwendung von Energie gleichkommen. Der Prozess der Konfliktauflösung kann auch dazu beitragen, einen

---

[9] Vgl.: ebenda, S. 326
[10] Vgl.: Angermeier, G.; https://www.projektmagazin.de/glossarterm/widerst%C3%A4nde

kürzerer Projektverlauf und ein verbessertes Projektergebnis zu erarbeiten. Schließlich zeigt der Konflikt lediglich eine nicht optimale Lösung bzw. Situation auf.

6. Zusammenfassung

Das Scheitern eines Projekts kann selbstverständlich nicht immer auf Konflikte und Widerstände zurückgeführt werden. Technische und fachliche Probleme sowie Budgetkonflikte können auch als Auslöser für das Scheitern von Projekten genannt werden.

Die Einstellung Konflikte und Widerstände als Auslöser und Anstoß für Verbesserung und Veränderungen zu sehen zeigt die Fähigkeit positive Auswirkungen daraus zu ziehen. Gerhard Schwarz im Fachbuch Konfliktmanagement meint dazu: „…das wesentliche im Umgang mit Widersprüchen liegt darin, sie rechtzeitig zur Sprache zu bringen und austragen zu lassen. Werden sie in den ersten Entscheidungsinstanzen vermieden, weil Unterschiede nicht zugelassen werden, dann treten sie für das Unternehmen im Kontakt mit den Kunden wieder zu Tage. Konflikte, die auf Unterschiede aufbauen, garantieren damit auch so etwas wie den Realitätsbezug von Personen, Gruppen und Organisationen."[11]

Der o.g. Auszug zeigt, dass das Augenmerk mehr auf den richtigen Umgang mit Konflikten und Widerständen liegt, als der Versuch diese generell zu vermeiden. Dabei ist die Einordnung, wie in den vorhergenannten Kapiteln 3 sowie 4.1. hilfreich. Die erfolgversprechendste Herangehensweise ist, wie in vielen Aspekten im beruflichen Alltag, die Kommunikation in Sinne von Austausch und Übertragung von Informationen. Eine gut funktionierende, effektive Kommunikation zwischen allen an einem Projekt Beteiligten ist der Schlüssel zum Erfolg.

---

[11] Vgl.: Schwarz, G., Konfliktmanagement, Konflikte erkennen, analysieren, lösen; Wiesbaden, 2014, S. 20

Literaturverzeichnis

Angermeier, Georg Projekt Magazin Glossar: Widerstände; Berleb Media GmbH, Taufkirchen

Doppler, Klaus; Lauterburg, Christoph Change Management – Den Unternehmenswandel gestalten; Campus Verlag, Frankfurt/New York 2002

Glasl, Friedrich Konfliktmanagement. Ein Handbuch für Führungskräfte, Beraterinnen und Berater; Haupt Verlag, Bern 2013

Kessler, Heinrich; Winkelhofer, Georg Projektmanagement. Leitfaden zur Steuerung und Führung von Projekten; Springer Verlag, Berlin 2004

Litke, Hans-Dieter Projektmanagement. Methoden, Techniken, Verhaltensweisen; Hanser Verlag, München 2007

Schwarz, Gerhard Konfliktmanagement, Konflikte erkennen, analysieren, lösen; Wiesbaden Springer Verlag, Wiesbaden 2013

Vedder, Günther.; Behner, Robert Konfliktmanagement als kritischer Erfolgsfaktor, in: Organisationsentwicklung, Heft 4/99.

Zielasek, Gotthold Projektmanagement als Führungskonzept; Springer Verlag, Berlin 1999

BEI GRIN MACHT SICH IHR WISSEN BEZAHLT

- Wir veröffentlichen Ihre Hausarbeit, Bachelor- und Masterarbeit

- Ihr eigenes eBook und Buch - weltweit in allen wichtigen Shops

- Verdienen Sie an jedem Verkauf

Jetzt bei www.GRIN.com hochladen und kostenlos publizieren